AF175197

Impressum
Verlag: BABADADA GmbH, Nedderfeld 112 , 22529 Hamburg
Geschäftsführer / Verlagsleitung: Harald Hof
Druck: Books on Demand GmbH, In de Tarpen 42, 22848 Norderstedt

Imprint
Publisher: BABADADA GmbH, Nedderfeld 112 , 22529 Hamburg, Germany
Managing Director / Publishing direction: Harald Hof
Print: Books on Demand GmbH, In de Tarpen 42, 22848 Norderstedt

colegio
ليكول

aula
القسم
dividir
يقسم
186/2
pizarrón
لوحة
patio de escuela
لاكور
maestro
معلم
papel
ورقة
escribir
يكتب
birome
ستيلو
escritorio
بيرو
regla
مسطرة
libro
كتاب
alumno
تلميذ

mochila
كرطاب

caja de lápices
المقلمة

lápiz
قلم الرصاص

sacapuntas
منجارة

goma (de borrar)
ممحا

bloc de dibujo
الكايي تاع الرسم

dibujo

الرسم

pincel

البانسو

caja de pinturas

باتير

tijera

مقص

pegamento

كولا

cuaderno de ejercicios

كايي تاع التمارين

tarea

الواجبات

número

النيميرو

sumar

يجمع

restar

يطرح

multiplicar

يضرب

calcular

يحسب

letra

الحرف

abecedario

الحروف

palabra

كلمة

texto
....
النص

leer
....
يقرا

tiza
....
طباشير

lección
....
الدرس

cuaderno de clase
....
دفتر المدرسي

examen
....
ليقزاما

certificado
....
سرتفيكا

uniforme escolar
....
اللبة تاع ليكول

educación
....
التعليم

enciclopedia
....
ليكسيك

universidad
....
الجاميعة

microscopio
....
المجهر

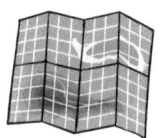

mapa
....
الخريطة

tacho (de basura)
....
بوبال

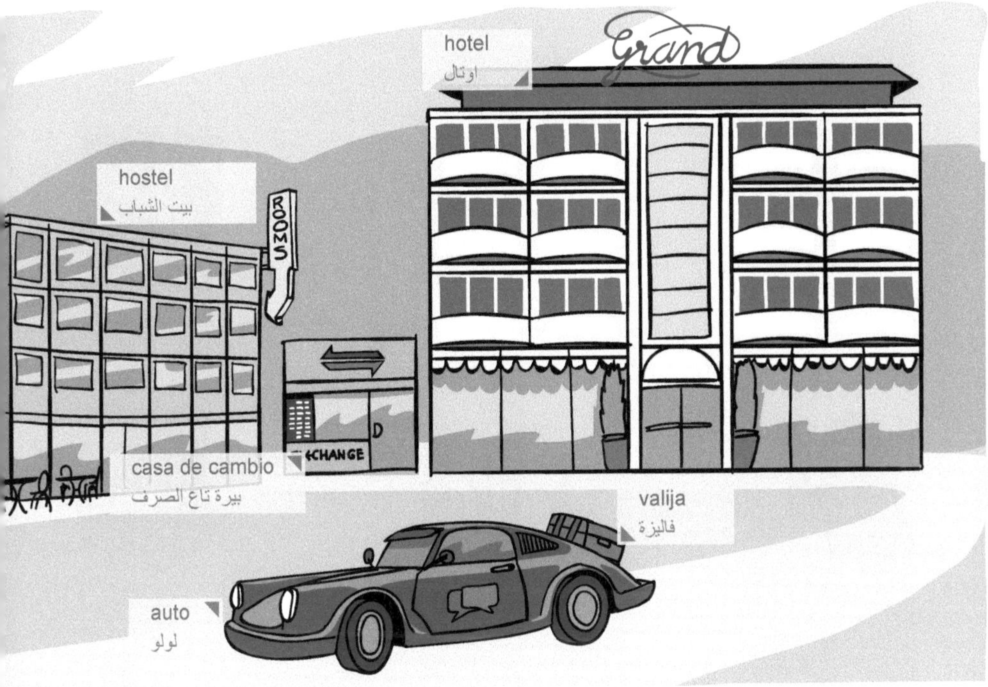

hotel
اوتال
Grand
hostel
بيت الشباب
ROOMS
casa de cambio
بيرة تاع الصرف
EXCHANGE
valija
فاليزة
auto
لولو

idioma
اللغة ليقصدها

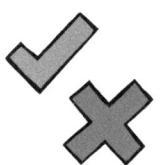

sí / no
واه / لا

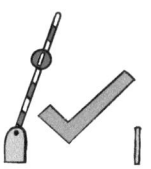

Está bien
صحا

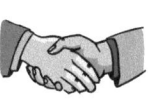

hola
مرحبا

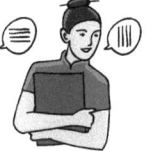

traductor
طرجمان

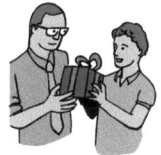

Gracias
صحيت

¿cuánto cuesta...?

شعال السومة؟

No entiendo

مفهمتش

problema

مشكيلة

¡Buenas tardes!

مسلخير

¡Buenos días!

صباح لخير

¡Buenas noches!

تصبح بخير

adiós

بسلامة

dirección

ديركسيو

equipaje

الباقاج

bolso

ساك

mochila

ساكادو

invitado

ضيف

habitación

شمبرا

bolsa de dormir

ساك تاع رقاد

carpa

خيمة

información turística

....

استعلامات سياحية

playa

....

بجر

tarjeta de crédito

....

كارطة ناع الكريدي

desayuno

....

فطور الصباح

almuerzo

....

الفطور

cena

....

العشا

pasaje

....

البيي

ascensor

....

اسونسير

sello

....

تامبر

frontera

....

الحدود

aduana

....

الديوانة

embajada

....

سقارة

visa

....

فيزا

pasaporte

....

باسبور

avión
طيارة
barco
بابور
autobomba
camión
كاميونة
colectivo
بيس
lancha a motor
بوطي
bicicleta
بيسكلات
auto
لولو

ferry

بابو

bote

بوطي

moto

موطو

patrullero

لوطو تاع لابوليس

auto de carreras

لوطو تاع السيباق

auto de alquiler

لوطو تاع كرية

alquiler de autos

لواطا تاع كرية

grúa

رومورك

camión de basura

كاميو تاع الزبل

motor

موتور

nafta

ليسونس

estación de servicio

ستاسيون

señal de tránsito

بانو

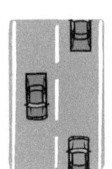

tránsito

ترافيك

embotellamiento

سركالة

estacionamiento

باركينغ

estación de tren

لاقار

vías

السبيكة

tren

قطار

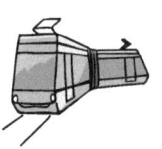

tranvía

ترام

vagón

فاغون

helicóptero

اليکبتار

aeropuerto

مطار

torre

تور

pasajero

مسافر

contenedor

كونتنار

caja de cartón

كرطونة

carretilla

شاريو

canasta

سلة

despegar / aterrizar

يقلع / يهود

ciudad

مان

pueblo

قرية

centro de ciudad

البلاد

casa

دار

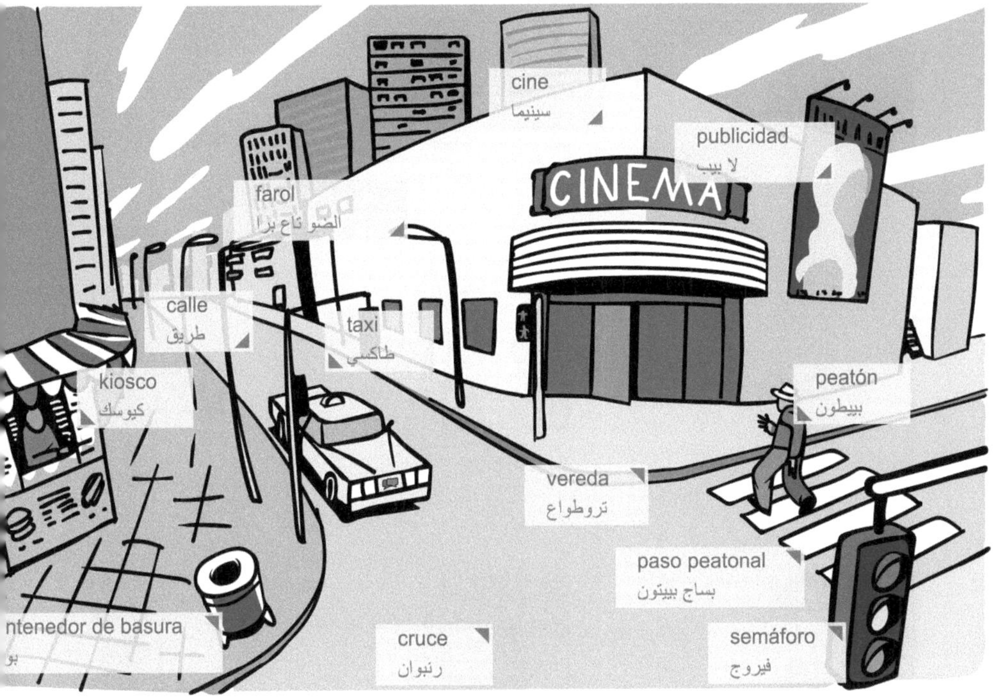

cine
سينيما
publicidad
CINEMA
farol
الضو تاع برا
calle
طريق
taxi
طاكسي
kiosco
كيوسك
peatón
بييطون
vereda
paso peatonal
بساج بييتون
ntenedor de basura
بو
cruce
رنبوان
semáforo
فيروج

cabaña

كوخ

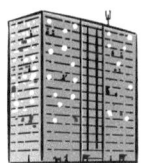

departamento

برطمان

estación de tren

لاقار

municipalidad

لاميري

museo

متحف

colegio

ليكول

universidad

الجاميعة

banco

بانكة

hospital

سبيطار

hotel

اوتال

farmacia

فارماسي

oficina

بيرو

librería

مكتبة

negocio

حانوت

florería

فلوريست

supermercado

سوبرات

mercado

مرشي

grandes tiendas

حانوت كبير

pescadería

مسمكة

centro comercial

سونتر كومرسيال

puerto

المينا

parque

بارك

banco

بنك

puente

جسر

escaleras

درج

subte

ميترو

túnel

تونال

parada del colectivo

لاري تاع البيس

bar

بار

restaurante

مطعم

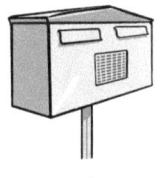

buzón

صندوق البريد

letrero

البانوات

parquímetro

مقياس زمن الوقوف

zoológico

حديقة حيوانات

pileta

بيسين

mezquita

جامع

granja

فيرما

contaminación

التلوث

cementerio

مقبرة

iglesia

قليزية

juegos infantiles

بارك

templo

معبد

paisaje

الريف

hoja
ورقة

poste indicador
بانو

camino
طريق

pradera
مرج

piedra
حجرة

árbol
شجرة

excursionista
رحالة

río
نهر

hierba
حشيش

flor
زهرة

valle

واد

montaña

جبل

lago

بحيرة

bosque

غابة

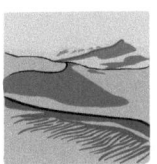

desierto

صحرا

volcán

بركان

castillo

شاطو

arco iris

قوس قزح

champiñón

فِطر

palmera

نخلة

mosquito

ناموسة

mosca

ذبانة

hormiga

نملة

abeja

نحلة

araña

رتيلة

escarabajo

خنفوس

rana

جرانة

ardilla

سنجاب

erizo

قنفود

liebre

قنينة

lechuza

بومة

pájaro

زاوش

cisne

بجعة

jabalí

حلوف

ciervo

عزالة

alce

إلكة

presa

سد

aerogenerador

الطاحونة

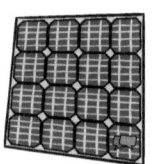

panel solar

خلية شمسية

clima

كليما

restaurante

مطعم

mozo
سارفور
menú
المونيو
silla
كرسي
sopa
سوبة
pizza
بيتزا
cubiertos
كوفار
mantel
ناب

entrada

اوردوفر

plato principal

الطبق الرئيسي

postre

ديسار

bebidas

مشروبات

comida

ماكلة

botella

القرعة

comida rápida

فاست فود

comida callejera

ماكلة نديه معايا

tetera

براد اتاي

azucarera

سكرية

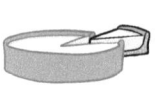

porción

طرف

cafetera expreso

ماشينة تاع اكسبريسو

sillita alta

كرسي عالي

cuenta

فاتورة

bandeja

سني

cuchillo

خدمي

tenedor

فرشيطة

cuchara

مغيرفة

cucharita

مغيرفة تاع لاتاي

servilleta

سربيتة تاع الطابلة

vaso

كاس

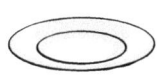

plato

طبسي

plato hondo

بول

plato

طبسي تاع الفنجال

salsa

لاصوص

salero

القوطي تاع الملح

molinillo de pimienta

طحان تاع الحرور

vinagre

خل

aceite

زيت

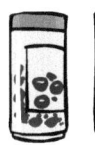

especias

ليزيبيس

kétchup

كتشوب

mostaza

موطارد

mayonesa

مايونيز

supermercado

سوبرات

oferta especial
بروموسيو
cliente
كلويون
lácteos
مشتقات الحليب
fruta
فاكية
changuito
شاريو

carnicería

بوشي

panadería

بولونجي

pesar

يوزن

verduras

خضار

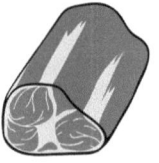

carne

لحم

alimentos congelados

سيرجولي

fiambres

كاشير

alimentos enlatados

كونسارف

detergente en polvo

الاومو تاع لغسيل

golosinas

الحلويات

electrodomésticos

صوالح الدار

productos de limpieza

ديتارجو

vendedora

فوندوز / خدامة فالحانوت

caja

لاكاس

cajero

كاسسي

lista de compras

ليستا تاع الشري

horario de atención

سوايع الخدمة

billetera

تزداتم

tarjeta de crédito

كارطة ناع الكريدي

cartera

ساك

bolsa de plástico

بورسة

bebidas

مشروبات

agua

الما

jugo

جو

leche

حليب

bebida cola

كوكا

vino

الشراب

cerveza

البيرة

alcohol

شراب

cacao

كاكاو

té

لاتاي

café

قهوة

café expreso

اكسبريسو

cappuccino

كابوتشينو

banana

بانانة

manzana

تفاح

naranja

تشينا

melón

بطيخ

limón

ليم

zanahoria

كروطة / زرودية

ajo

ثوم

bambú

بانبو

cebolla

بصل

champiñón

شانبينيو

nueces

بندق

fideos

لبيات

tallarines

سباقيتي

arroz

روز

ensalada

سلاطة

papas fritas

ليفريت

papas fritas

ليفريت

pizza

بيتزا

hamburguesa

هانبورقر

sándwich

سندويش

churrasco

اسكالوب

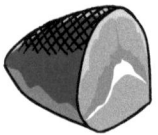

jamón

لحم الحلوف

salame

سامي

salchicha

مرقاز

pollo

جاجة

asado

لحم مشوي

pescado

حوت

copos de avena

شوفان

muesli

موسلي

copos de maíz

كورن فلكس

harina

فرينة

medialuna

كرواسون

pancito

خبيزة

pan

الخبز / كسرة

tostada

خبز محمر

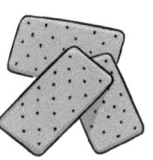

galletitas

بيسكوي

manteca

زبدة

cuajada

لبن

torta

قاطو

huevo

بيض

huevo frito

بيض مقلي

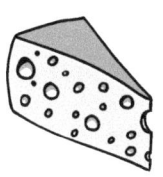

queso

فرماج

helado

لاكرام

azúcar

سكر

miel

عسل

mermelada

كونفتير

pasta de chocolate

نوقا

curry

الكاري

granja

فيرما

granja
فيرمة
granero
مخزن
fardo de paja
رزمة تاع تبن
campo
حقل
caballo
عود
remolque
قنطرة
tractor
جرار
potrillo
مهر
burro
حمار
oveja
كبش
cordero
خروف

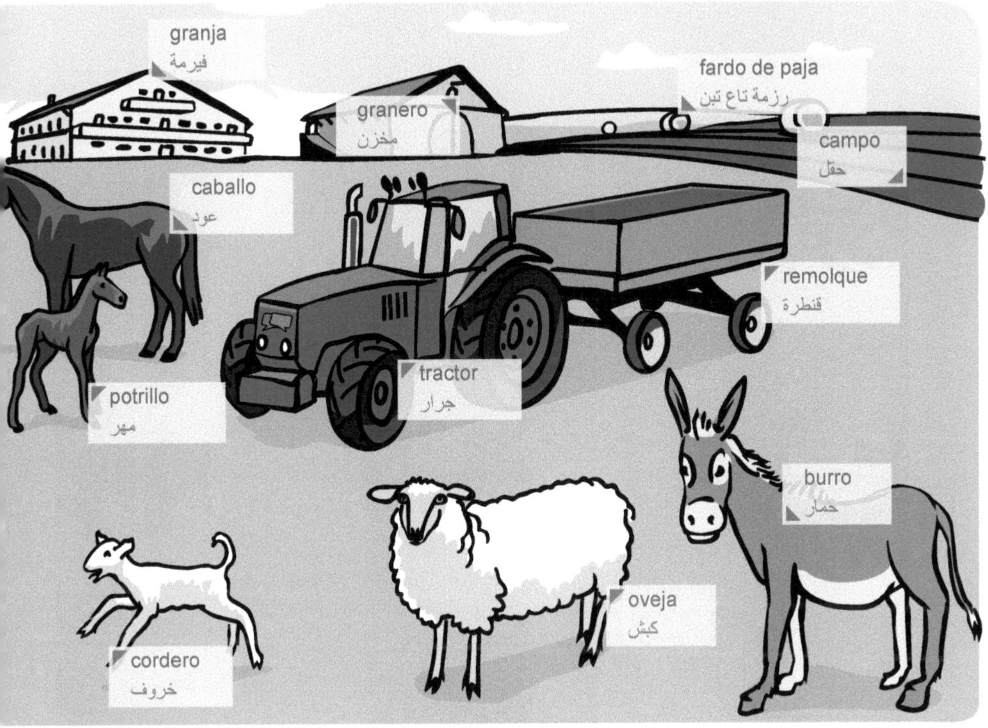

cabra

معزة

vaca

بقرة

ternero

عجل

cerdo

حلوف

lechón

حلوف صغير

toro

طورو

ganso

وزة

pato

بطة

pollo

فلوس

gallina

جاجة

gallo

سردوك

rata

طوبا

gato

قطة

ratón

فأر

buey

ثور

perro

كلب

cucha

دار الكلب

manguera

تييو

regadera

إبريق

guadaña

منجل

arado

محراث

hoz

منجل

azada

الفاس

horquilla

مذراة الزبل

hacha

شاقور

carretilla

برويطة

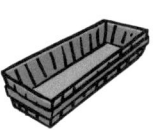

abrevadero

معلف

lechera

قابة تاع حليب

bolsa

ساشيا

reja

سياج

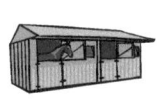

establo

صطبل

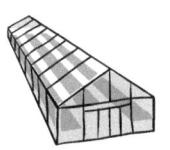

invernadero

بوطاجي

suelo

تراب

semilla

بذور

fertilizador

سماد

cosechadora

حصادة

cosechar

يحصد

cosecha

الغلة

batatas

بطاط

trigo

قمح

soja

صويا

papa

بطاطا

maíz

مايبس

semilla de colza

سلجم

árbol frutal

شجرة تاع فاكية

mandioca

منيهوت

cereales

الخبوب

casa
دار

chimenea
شوميني
techo
سقف
caño de desagüe
بالة
ventana
garaje
قاراج
timbre
صونات
puerta
باب
tacho de basura
بوبال
buzón
بواطة تاع البرية
jardín
جاردان

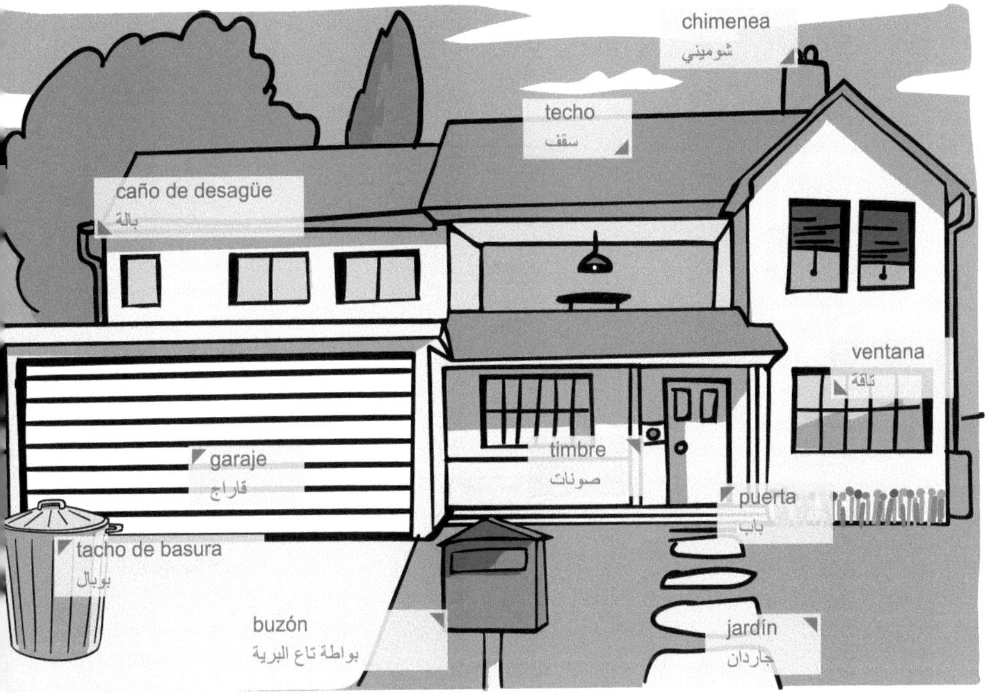

living
صالون

baño
الحمام

cocina
كوزينا

dormitorio
شامبرا تاع رقاد

cuarto de los chicos
شمبرا تاع ذراري

comedor
صالة مونجي

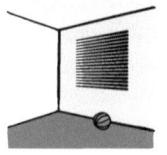

piso

لرض

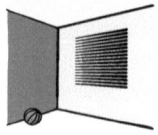

pared

حيط

cielorraso

بلافو

sótano

كافا

sauna

سونا

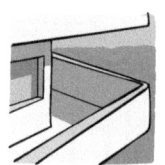

balcón

بالكون

terraza

تيراسة

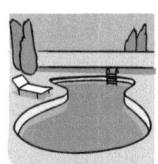

pileta

بيسين

cortadora de pasto

جزارة تاع حشيش

sábana

االووس

acolchado

كووات

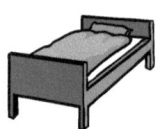

cama

ناموسية

escoba

مصلحة

balde

بيدو تاع صليح

interruptor

انتغبتور

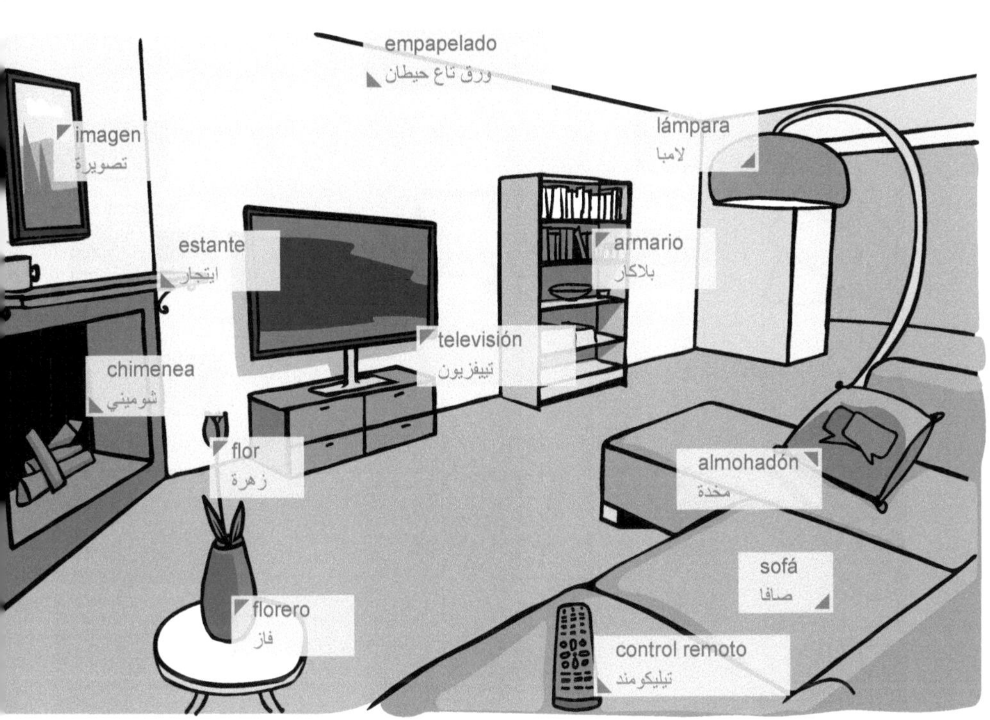

empapelado
ورق تاع حيطان
imagen
تصويرة
lámpara
لامبا
estante
ايتجار
armario
بلاكار
televisión
تيبفزيون
chimenea
شوميني
flor
زهرة
almohadón
مخدة
sofá
صافا
florero
فاز
control remoto
تيليكومند

alfombra

طابي

cortina

ريدو

mesa

طابلة

silla

كرسي

mecedora

كرسي بيوجي

sillón

فوتاي

libro

كتاب

frazada

طوفيرطة

decoración

زواق

leña

الحطب

película

فيلم

equipo de música

الستيريو

llave

مفتاح

diario

جرنان

pintura

كادر

póster

بوستار

radio

راديو

cuaderno

كناش

aspiradora

اسبيراتور

cactus

صبار

vela

شمعة

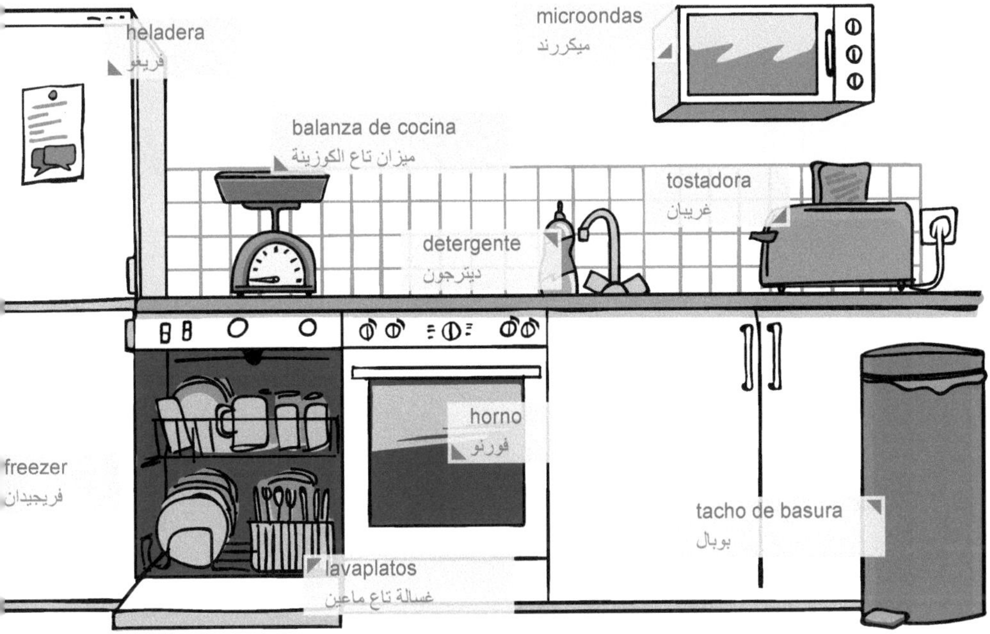

cocina
كوزينا

heladera
microondas
ميكررند
balanza de cocina
ميزان تاع الكوزينة
tostadora
غريبان
detergente
ديترجون
horno
فورنو
freezer
فريجيدان
tacho de basura
بوبال
lavaplatos
غسالة تاع ماعين

cocina
....
الفور

olla
....
قدرة

olla de hierro fundido
....
مرميطا

wok
....
طاوة غامقة

sartén
....
مقلة

pava
....
غلاية

cocina - كوزينا 35

vaporera

قدرة

bandeja de horno

سني

vajilla

ماعين

taza

قوبلي

bol

طبسي

palitos

مطارق تاع الماكلة

cucharón

لوشة

estpátula

سباتولة

batidora

الضرابة

colador

كسكاس

colador

صفاية

rallador

راب

mortero

مهراز

parrilla

شواية

fogata

موقد

tabla de picar

بلونشا

palo de amasar

رولو

sacacorchos

الحلال

lata

قابسة

abrelatas

الحلال

manopla

كتان

pileta

لافابو

cepillo

بروسة

esponja

بونجة

batidora

الخلاط

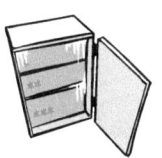

congelador

فريغو

mamadera

بيبرونة

canilla

سبالة

baño

الحمام

calefacción
شوفاج
ducha
دوش
toalla
سربيتة
cortina de ducha
baño de espuma
حمام بالرغوة
bañadera
بنوار
vaso
كاس
lavarropas
غسالة تاع حوايج
canilla
سبالة
baldosas
كرلاج
pelela
لبو
pileta
لافابو

inodoro
توالات

letrina
توالات تركي

bidé
غسال الرجلين

mingitorio
مبولة

papel higiénico
ورق تاع توالات

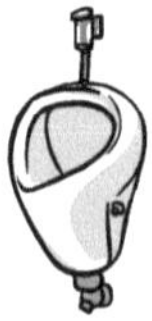

cepillo para el inodoro
بروسة تاع توالات

cepillo de dientes

بروسدون

dentífrico

دونتفريس

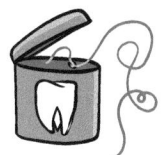

hilo dental

خيط السنان

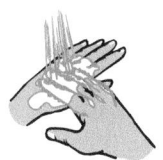

lavar

يغسل

ducha de mano

دوشات تاع دوش

ducha higiénica

دوشات

palangana

لافابو

cepillo para espalda

بروسا تاع الظهر

jabón

صابون

gel de ducha

جال دوش

shampoo

شنبوان

toallita

الحبل

desagüe

قادوس

crema

بومادة

desodorante

ديودورون

espejo

مراية

espejito

مراة صغيرة

maquinita de afeitar

رازوار

espuma de afeitar

لاموس

aftershave

كولون

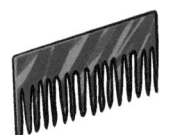

peine

مشطة

cepillo

بروسة

secador de pelo

سشوار

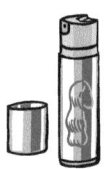

spray

مثبت الشعر

maquillaje

مكياج

lápiz de labios

روجالافر

esmalte para uñas

فرني

algodón

قطن

tijera para uñas

كوبنغل

perfume

ريحة

portacosméticos

تروسة تاع حمام

banqueta

طابوري

balanza

ميزان

bata

بينوار

guantes de goma

ليغونات تاع النيتواياج

tampón

تمبون

toallita femenina

ليبوند

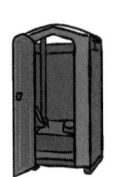

baño químico

توالات

cuarto de los chicos

شمبرا تاع ذراري

despertador
ريفاي
peluche
نونورس
coche de juguete
لوطو جوي
sonajero
الخشخاش
casa de muñecas
دار تاع بوبيات
regalo
كادو

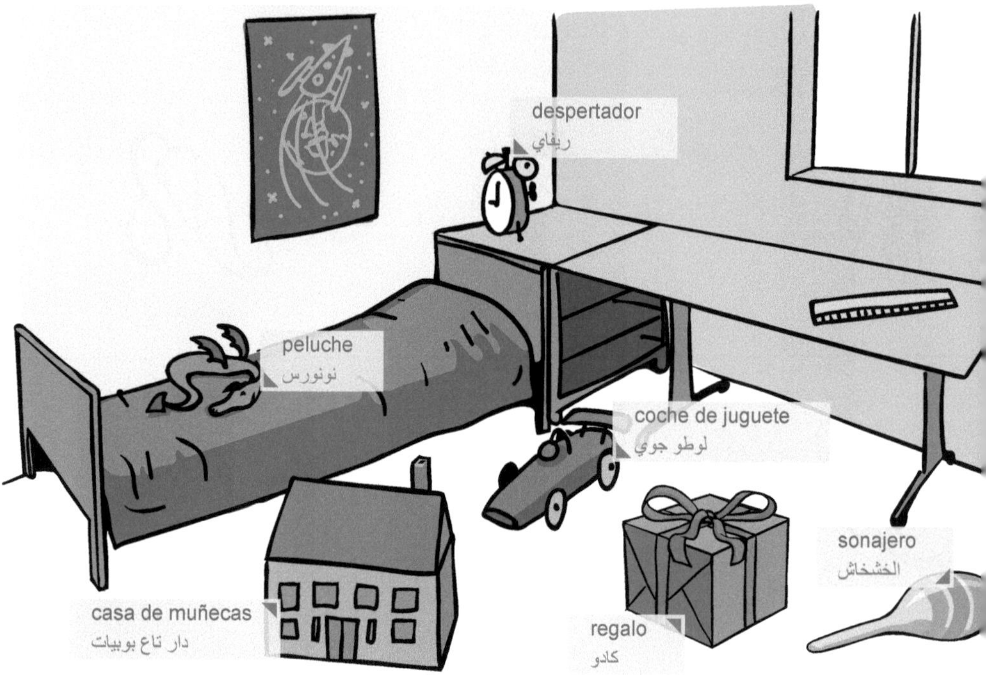

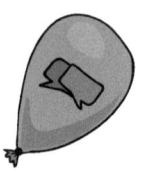

globo

بالونة / نسافة

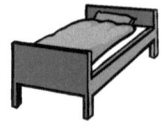

cama

ناموسية

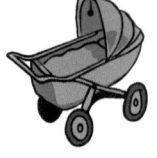

cochecito

بوسات

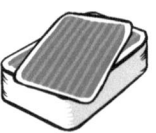

cartas

الكارطة

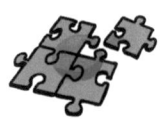

rompecabezas

البوزيل

historieta

بوند ديسيني

piezas de lego

الليغو

ladrillos de juguete

حجر يبنوه

figura de acción

بوبية

enterito (de bebé)

لبسة تاع البيبي

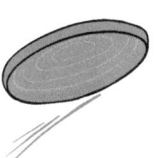

frisbee

فريزي

móvil para bebés

اللهاية

juego de mesa

لعبة الطابلة

dados

الدي

tren eléctrico

التران

chupete

سوسات

fiesta

حفلة / الفيشطة

libro de cuentos ilustrado

كتاب بتصاوير

pelota

بالون

muñeca

بوبية

jugar

يلعب

arenero

بارك بالرملة

hamaca

بنصوار

juguetes

جوي

consola de videojuegos

منيطا

triciclo

بيسكلات

osito de peluche

دبدوب

armario

ماريو

ropa

حوايج

medias

تقاشر

medias panty

ليبا

calzas

كولو

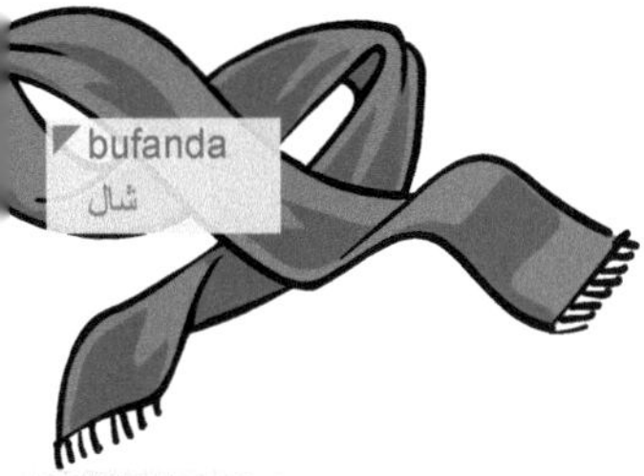

bufanda
شال

paraguas
بربلوي

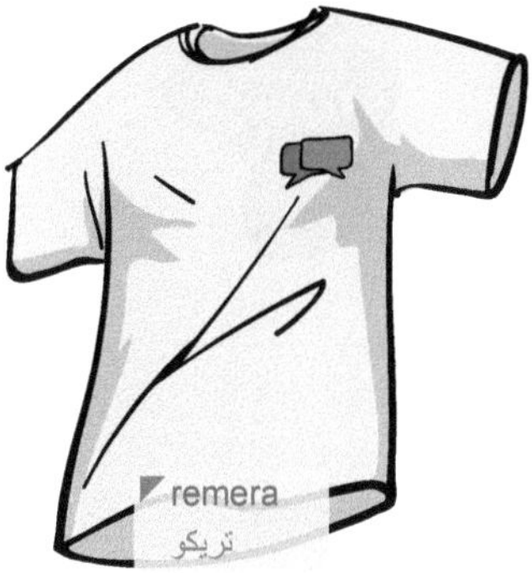

remera
تريكو

cinturón
حزام

botas
بوط

pantuflas
بنتوفلا

zapatillas
تينيسا / سبردينا

sandalias

صندالة

zapatos

صباط

botas de goma

بوط بلاستيك

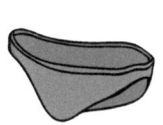

ropa interior

كالسون

corpiño

سوتيان

chaleco

حويج تاع داخل

body

لاسق على الجسم

pantalones

سروال

jeans

جين

pollera

جيبا

blusa

طابلية

camisa

قمجة

pulóver

تريكو

buzo

قارديقون

blazer

بلازار

campera

فيستا

tapado

بالطو

piloto

بالطو

traje

كوستيم

vestido

روبا

vestido de novia

روب بلونش

traje

كوستيم

camisón

شوميز دونوي

pijama

بيجاما

sari

ساري

pañuelo para cabeza

حجاب

turbante

عمامة

burka

برقع

caftán

قفطان

abaya

عباية

traje de baño

مايو

short de baño

سروال تاع عوم

shorts

شورت

jogging

لبسة تاع سبور

delantal

طابلية

guantes

ليقونات

botón

قفلة

anteojos

نواظر

pulsera

براسلي

collar

سنسلة

anillo

خاتم

aro

منقوش

gorra

بوني

percha

سانتر

sombrero

شابو

corbata

قرافاطة

cierre

غيمة

casco

كاسك

tiradores

بروتال

uniforme escolar

اللبة تاع ليكول

uniforme

لينيفورم

ropa - حوايج

babero

ريافة

chupete

سوسات

pañal

ليكوش

oficina

بيرو

servidor
archivero
خزانة تاع الملفات
impresora
امبريمانت
papel
ورقة
monitor
ليكرون
escritorio
mouse
لاسوري
carpeta
كلاسور
teclado
كلافيي
silla
كرسي
tacho (de basura)
بوبال
computadora
اورديناتور

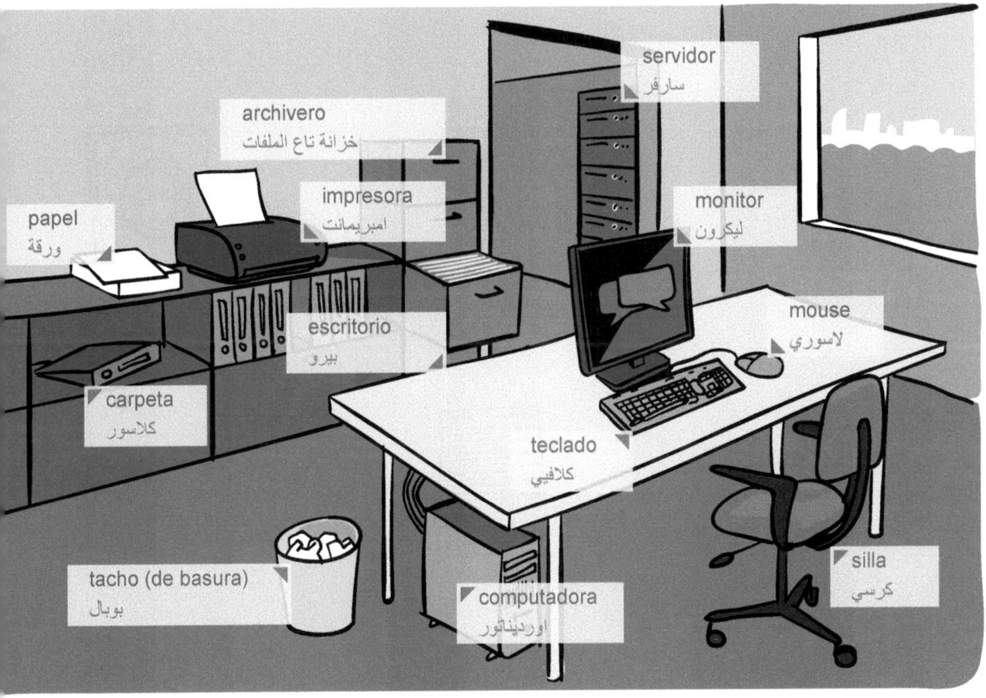

taza de café

كاس قهوة

calculadora

كاكولاتريس

internet

لانترنت

laptop

اوردیناتور

carta

برية

mensaje

ميساج

celular

بورطابل

red

ريزو

fotocopiadora

فوطوكوبي

software

لوجسيال

teléfono

تيلفون

tomacorriente

بريزة

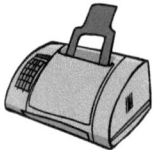

fax

فاكس

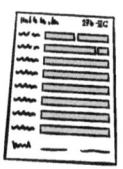

formulario

استمارة

documento

وثيقة

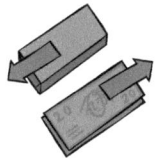

comprar

يشري

pagar

يخلص

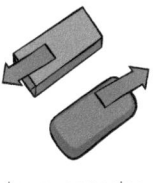

hacer negocios

يتاجر

dinero

دراهم

dólar

دولار

euro

اورو

yen

ين

rublo

روبل

franco suizo

فرنك سويسري

yuan

يوان

rupia

روبية

cajero automático

ديستريبيتور

casa de cambio

بيرة تاع الصرف

oro

ذهب

plata

فضة

petróleo

نفط

energía

طاقة

precio

السومة

contrato

عقد

impuesto

طاكس

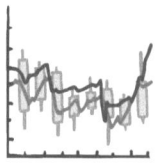

acción

سهم

trabajar

يخدم

empleado

خدام

empleador

مول الشي

fábrica

وزين

negocio

حانوت

policía
بوليسي

bombero
بومبي

piloto
بيلوط

cocinero
طباخ

médico
الطبيب

jardinero

جرديني

carpintero

نجار

modista

خياط

juez

قاضي

farmacéutico

شيميك

actor

ممثل

colectivero

شوفير

taxista

طاكسيور

pescador

صياد

mucama

خدامة

techista

ماصو تاع الصقف

mozo

سارفور

cazador

صياد

pintor

بنتار

panadero

خباز

electricista

الكتريسيان

albañil

ماصون

ingeniero

مهندس

carnicero

بوشي

plomero

بلومبي

cartero

فاكتور

soldado

جندي

arquitecto

ارشيتكت

cajero

كاسسي

florista

بياع اورد

peluquero

كوافير

cobrador

الكنترول

mecánico

ميكانيسيان

capitán

كابيتان

dentista

طبيب سنان

científico

عالم

rabino

حاخام

imán

امام

monje

موان

sacerdote

موان

herramientas
ليزوتي

martillo
مارطو
tenaza
كلاب
destornillador
تورنفيس
llave
مفتاح
linterna
تورشا

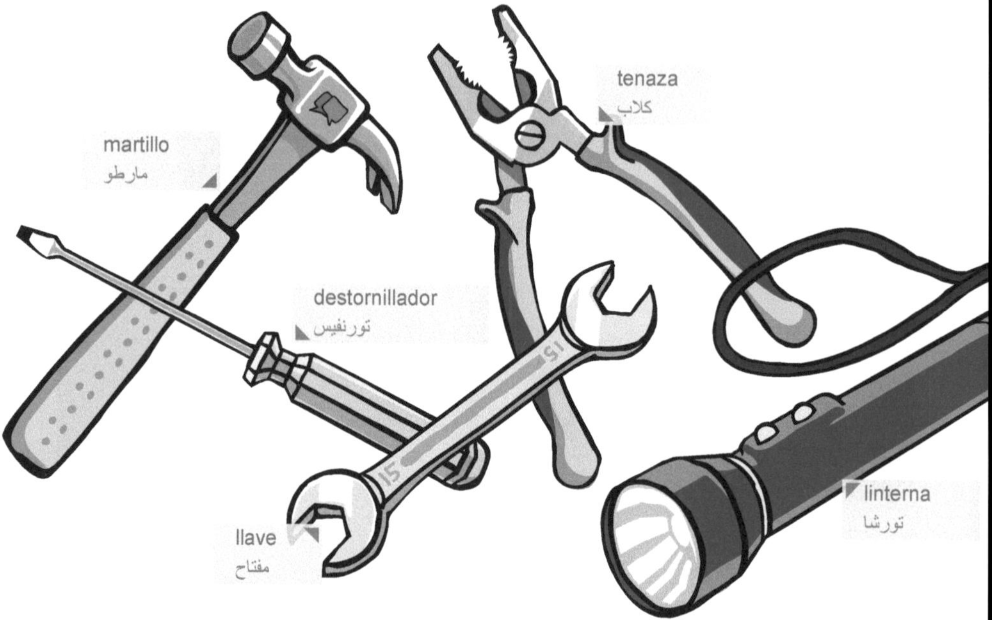

excavadora

جرافة

caja de herramientas

قايصة نتاع ليزوتي

escalera portátil

سلوم

sierra

منشار

clavos

مسامير

taladro

برسوز

arreglar

يصنع

pala de jardín

البالة

¡Qué bronca!

ياويلي

pala de plástico

بالا

tacho de pintura

بو تاع بنتورة

tornillos

ليفيس

instrumentos musicales
آلات موسيقية

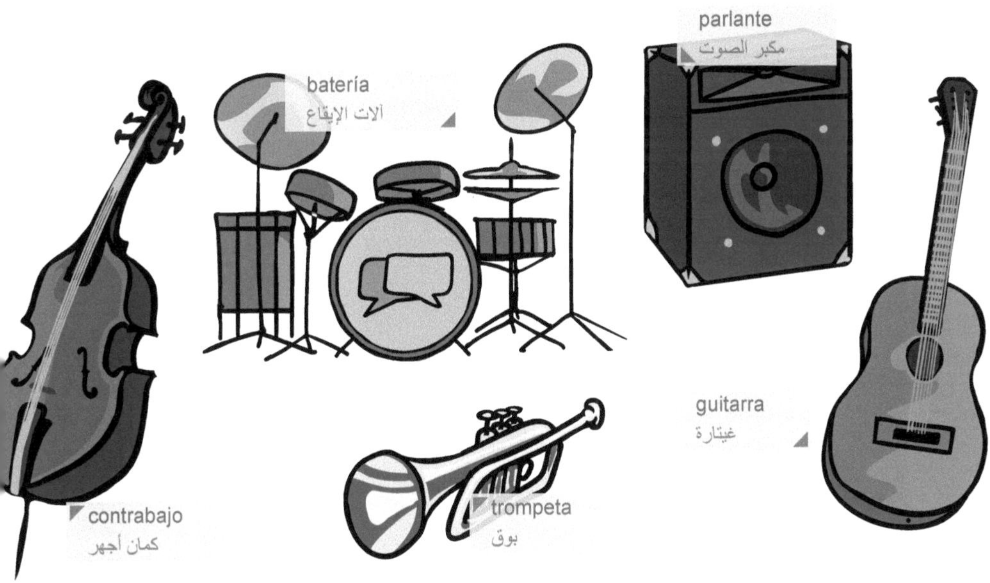

parlante
مكبر الصوت

batería
آلات الإيقاع

guitarra
غيتارة

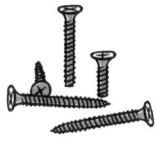

contrabajo
كمان أجهر

trompeta
بوق

piano

بيانو

violín

كمنجة

bajo

جهير

timbales

طبل كبير

tambor

طبل

teclado

بيانو كهربائي

saxofón

ساكسوفون

flauta

ناي

micrófono

ميكروفون

zoológico

حديقة حيوانات

entrada
الدخلة
tigre
نمر
jaula
كاجا
cebra
حمار الوحش
alimento para animales
علف للحيوانات
oso panda
باندا

animales

حيوانات

elefante

فيل

canguro

كنغر

rinoceronte

وحيد القرن

gorila

غوريلا

oso

دب

camello

جمل

avestruz

نعامة

león

سبع

mono

تشيطا

flamenco

فلامونغوز

loro

بيروكي

oso polar

دب قطبي

pingüino

بطريق

tiburón

سمك القرش

pavo real

طاووس

serpiente

لفعة

cocodrilo

تمساح

cuidador del zoológico

عساس في حديقة الحيوان

foca

عجل البحر

jaguar

نمر أمريكي مرقط

poni

فرس قزم

leopardo

نمر

hipopótamo

فرس النهر

jirafa

زرافة

águila

نسر

jabalí

حلوف

pescado

حوت

tortuga

فكرون

morsa

حيوان فظ البحري

zorro

ثعلب

gacela

غزال

deportes

سبور

fútbol americano
بالون اميريكا
ciclismo
الركبة تاع البيسكلت
tenis
تينيس
básquet
باسكات
natación
العوم
boxeo
بوكس
hockey sobre hielo
هوكي

fútbol

بالون

bádminton

الريشة الطائرة

atletismo

اتلاتيزم

handball

الهوند

esquí

سكي

polo

بولو

actividades
نشطات

reír
يضحك
saltar
ينقز
abrazar
يعنق
caminar
يمشي
cantar
يغني
soñar
ينوم
rezar
يصلي
besar
يبوس

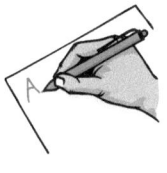

escribir

يكتب

dibujar

يرسم

mostrar

يوري

presionar

يدمر

dar

يعطي

tomar

يدي

tener

يملك

hacer

يخدم

ser

كاين

estar parado

يوقف

correr

يجري

tirar

يجبد

tirar

يقيس / يرمي

caer

يطيح

estar acostado

يتكسل

esperar

يشوف

llevar

يرفد

estar sentado

يقعد

vestirse

يلبس

dormir

يرقد

despertar

ينوظ

mirar
....
يشوف في

llorar
....
يبكي

acariciar
....
يحك

peinar
....
يمشّط

hablar
....
يهدر

entender
....
يفهم

preguntar
....
يسقسي

escuchar
....
يسمع

beber
....
يشرب

comer
....
يأكل

ordenar
....
يخمل

amar
....
يبغي

cocinar
....
يطيب

manejar
....
يصوق

volar
....
يطير

navegar

يبحر بالفلوكة

calcular

يحسب

leer

يقرا

aprender

يتعلم

trabajar

يخدم

casarse

يتزوج

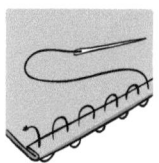

coser

يخيط

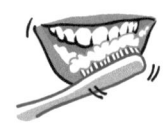

cepillarse los dientes

يغسل سنانو

matar

يكتل

fumar

يكمي

enviar

يرسل

abuela
الحدة

abuelo
الجد

padre
الأب

madre
ام

bebé
النبي

hija
البنت

hijo
الولد

invitado

ضيف

tía

العمة / الخالة

tío

العم / الخال

hermano

الخو

hermana

الخت

cuerpo

الجسم

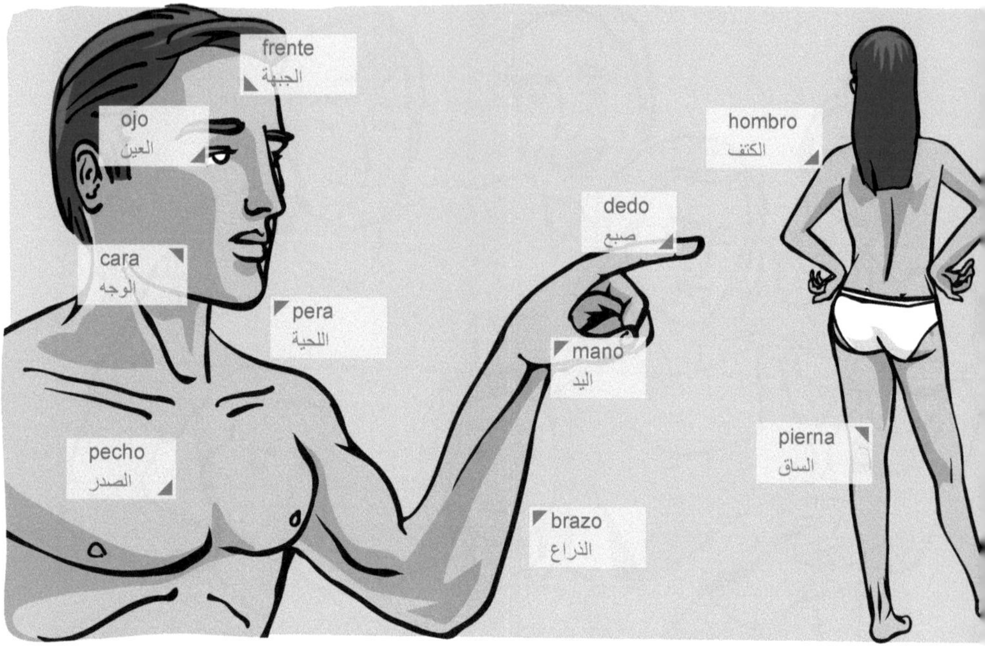

frente
الجبهة

ojo
العين

hombro
الكتف

dedo
صبع

cara
الوجه

pera
اللحية

mano
اليد

pecho
الصدر

pierna
الساق

brazo
الذراع

bebé

الذري

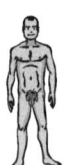

hombre

الراجل

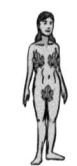

mujer

المرا

nena

الشيرة، الطفلة

nene

الشير

cabeza

الراس

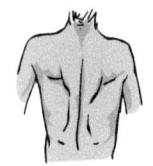

espalda

ظهر

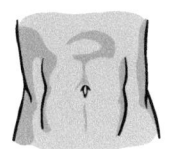

panza

الكرش

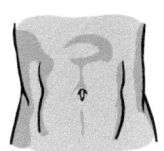

ombligo

السرة

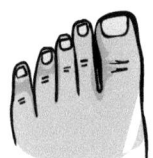

dedo del pie

صبع

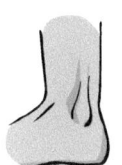

talón

طالون

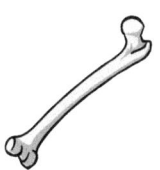

hueso

العظم

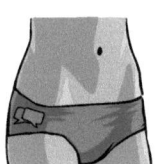

cadera

المرادف

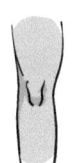

rodilla

الركبة

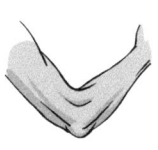

codo

لمرفغ

nariz

نيف

cola

مصاصيط

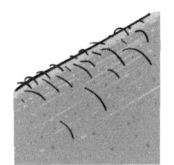

piel

البشرة

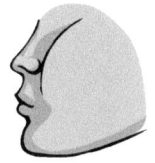

cachete

الحنوك

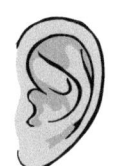

oreja

لوذن

labio

شورب

boca

الفم

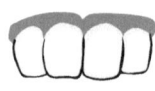

diente

السنة

lengua

السان

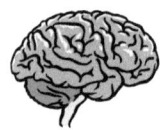

cerebro

الدماغ

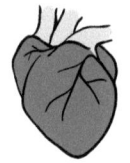

corazón

القلب

músculo

العضلة

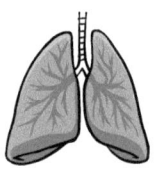

pulmón

الرية

hígado

الكبدة

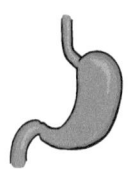

estómago

لسطوما

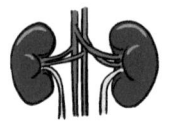

riñones

كلوى

sexo

رابور

preservativo

بريزارفتيف

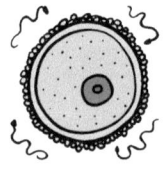

óvulo

البويضة

semen

سبرم

embarazo

بلكرش

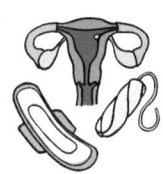

menstruación

ليراغل

vagina

المهبل

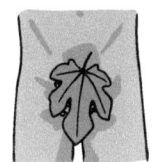

pene

المذاكر

ceja

الحاجب

pelo

الشعر

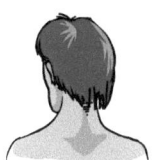

cuello

رقبة

hospital

سبيطار

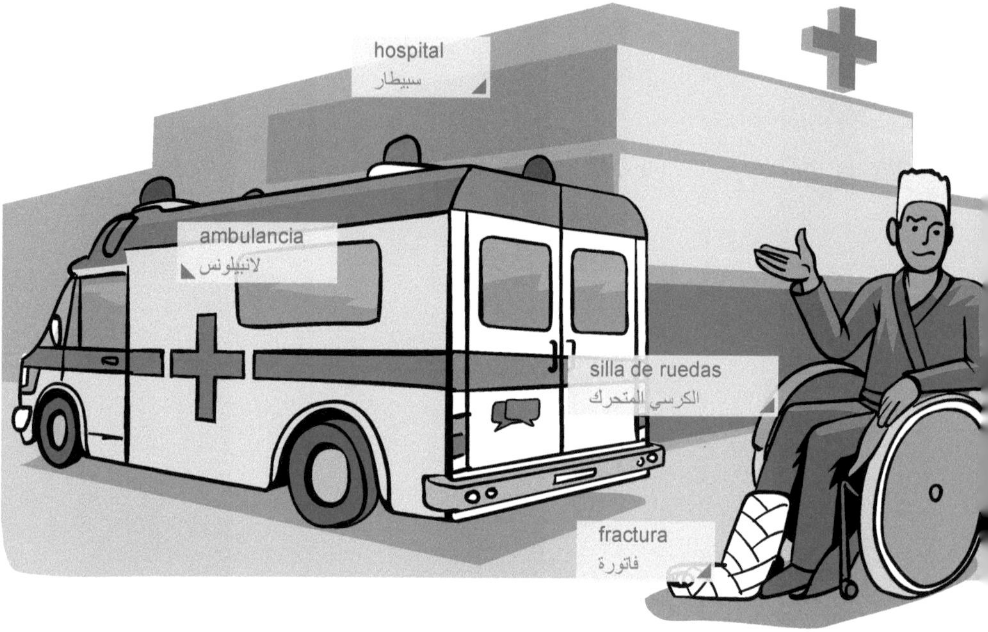

ambulancia
لانبيلونس
silla de ruedas
الكرسي المتحرك
fractura
فاتورة

médico

الطبيب

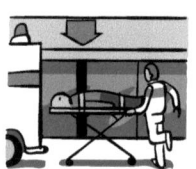

sala de guardia

ليزيرجونس

enfermera

الممرضة

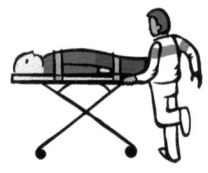

emergencia

ليرجونس

inconsciente

تغاشى

dolor

الوجع

lesión

الجرح

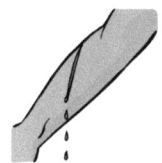

hemorragia

يسل الدم

infarto

القلب

ACV

لافيسي

alergia

لالرجي

tos

الكحة

fiebre

الحمة

gripe

لاقريب

diarrea

الاسهال

dolor de cabeza

ميغران

cáncer

السرطان

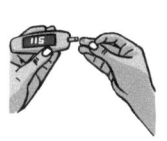

diabetes

السكر

cirujano

الجراح

bisturí

مبضع

operación

عملية تاع القلب

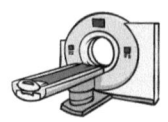

TC

لاسيتي

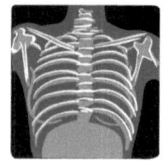

rayos x

الراديو

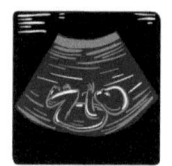

ecografía

لولتخازون

barbijo

لماسك

enfermedad

المرض

sala de espera

وين يقار عو

muleta

العكاز

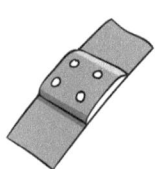

curita

سكوتش

venda

لبانسما

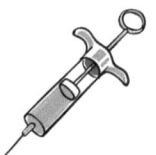

inyección

لبرة

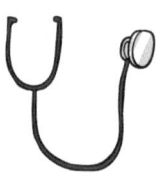

estetoscopio

السماعة تاع الطبيب

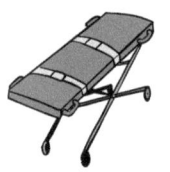

camilla

نقالة

termómetro

لوزنو بيه الحمة

nacimiento

زيادة

sobrepeso

السمونية

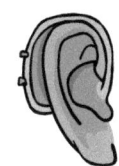

audífono

جهاز السمع

desinfectante

المعقم

infección

لنفكسون

virus

الفيروس

VIH / SIDA

السيدا

remedio

الدوا

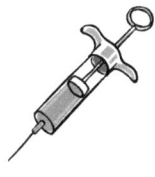

vacunación

الفاكسان

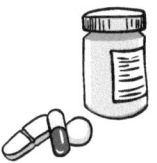

comprimidos

الدوا حب

pastilla anticonceptiva

بيلولة

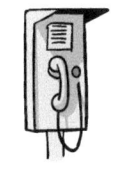

amada de emergencia

يعيط للنجدة

tensiómetro

الجهاز ليقيسو بيه الدم

enfermo / sano

مريض / صحيح

¡Ayuda!

سلكوني

alarma

لالارم

agresión

يتعدا

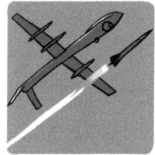

ataque

يهجم

peligro

دونجي

salida de emergencia

مخرج الطوارئ

¡Fuego!

النار شاعلة

matafuego

لكستانتور

accidente

اكسيدون

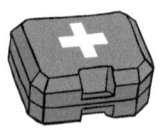

botiquín de primeros
auxilios

فيزة تاع الاسعاف الاولي

SOS

سلكونا

policía

لابوليس

Europa

أوروبا

América del Norte

أمريكا الشمالية

América del Sur

أمريكا الجنوبية

África

أفريقيا

Asia

آسيا

Australia

أستراليا

Atlántico

المحيط الأطلسي

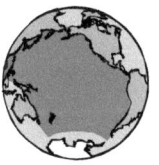

Pacífico

المحيط الهادي

Océano Índico

المحيط الهندي

Océano Antártico

المحيط المتجمد الجنوبي

Océano Ártico

المحيط المتجمد الشمالي

polo norte

القطب الشمالي

polo sur

القطب الجنوبي

Antártida

منطقة القطب الجنوبي

Tierra

أرض

tierra

بلاد

mar

بحر

isla

جزيرة

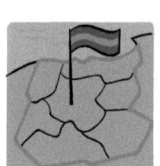

nación

امة

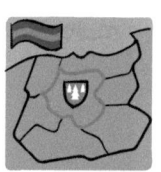

estado

دولة

reloj
ساعة

esfera

ميناء الساعة

manecilla de las horas

عقرب الساعات

minutero

عقرب الدقائق

segundero

عقرب الثواني

¿Qué hora es?

شعال راها الساعة؟

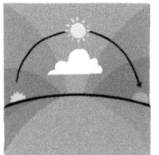

día

يوم

hora

زمن

ahora

دروك

reloj digital

ساعة رقمية

minuto

دقيقة

hora

ساعة

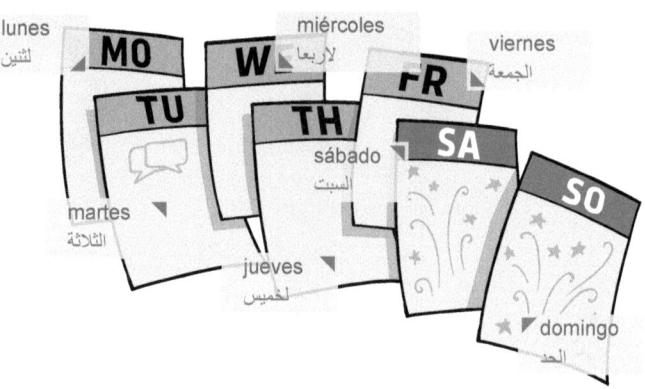

lunes / لثنين
miércoles / لاربعا
viernes / الجمعة
martes / الثلاثة
jueves / لخميس
sábado / السبت
domingo / الحد

ayer

لبارح

hoy

اليوم

mañana

غدوا

mañana

صباح

mediodía

القايلة

tarde

العشية

días hábiles

يامات الخدمة

fin de semana

ويكاند

lluvia
النو
arco iris
قوس قزح
viento
الريح
nieve
ثلج
primavera
الربيع
verano
الصيف
otoño
الخريف
invierno
الشتاء

4.APRIL 11°
5.APRIL 4°
6.APRIL 13°
7.APRIL 8°
8.APRIL 10°

onóstico meteorológico

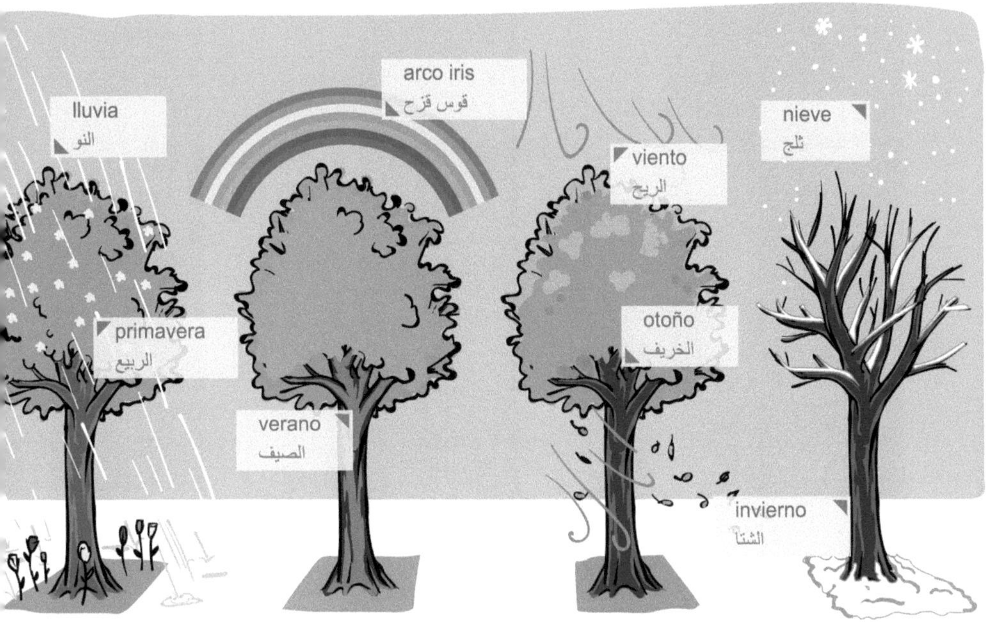

يتنبأ بالحال

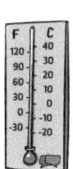

termómetro

مقياس حرارة

luz del sol

ضوء الشمس

nube

سحابة

niebla

ضباب

humedad

ميديتي

rayo

برق

trueno

رعد

tormenta

عاصفة

granizo

بَرَد

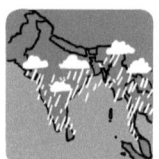

monzón

ريح

inundación

طوفان

hielo

جليد

enero

جانفي

febrero

فيفري

marzo

مارس

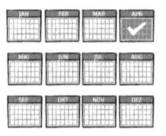

abril

افريل

mayo

ماي

junio

جوان

julio

جويلية

agosto

اوت

septiembre
....
سبتمبر

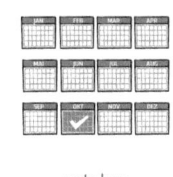

octubre
....
اكتوبر

noviembre
....
نوفمبر

diciembre
....
ديسمبر

formas

فورما

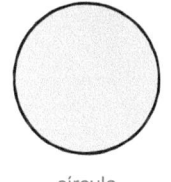

círculo
....
دويرة

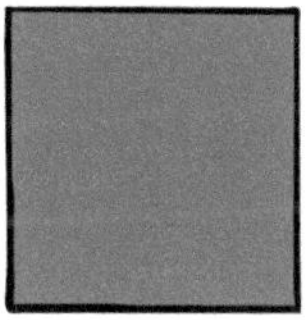

cuadrado
....
مربع

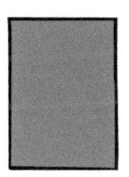

rectángulo
....
مستطيل

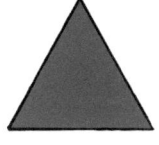

triángulo
....
مثلث

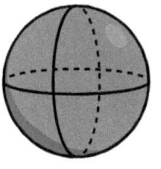

esfera
....
كويرة

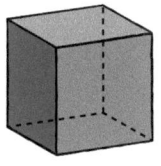

cubo
....
مكعب

colores

الالوان

blanco

بيض

amarillo

صفر

naranja

تشيني

rosa

روز

rojo

حمر

violeta

حلحالي

azul

زرق

verde

خظر

marrón

قهوي

gris

قري

negro

كحل

opuestos
الضد

mucho / poco

بزاف / شوية

enojado / tranquilo

زعفان / مكالمي

lindo / feo

شباب / مشي شباب

principio / fin

البدية / التالي

grande / chico

كبير / صغير

claro / oscuro

فاتح / فونسي

hermano / hermana

خو/ خت

limpio / sucio

نقي/ موسخ

completo / incompleto

كامل / ناقص

día / noche

نهار/ اليل

muerto / vivo

ميت / حي

ancho / angosto

عريض / ضيق

comestible / no comestible

يقدو ياكلوه / ميقدروش ياكلوه

malo / amable

شرير / ناس ملاح

entusiasmado / aburrido

يثير / يمل

gordo / flaco

سمين / رقيق

primero / último

اللولا / التالية

amigo / enemigo

الصاحب / لعدو

lleno / vacío

معمر / فارغ

duro / blando

قاصح / سوبل

pesado / liviano

ثقيل / خفيف

hambre / sed

جوع / عطش

enfermo / sano

مريض / صحيح

ilegal / legal

غير شرعي / شرعي

inteligente / estúpido

ذكي / مبوقل

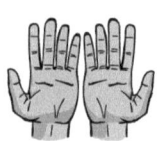

izquierda / derecha

يسار / يمين

cerca / lejos

قريب / بعيد

nuevo / usado

جديد / مستعمل

nada / algo

مكانش / شوية

viejo / joven

شيباني / شاب

encendido / apagado

يشعل / يطفئ

abierto / cerrado

محلول / مبلع

silencioso / ruidoso

بشوية / بلفور

rico / pobre

مرفح / زوالي

correcto / incorrecto

نيشان / خاطيء

áspero / suave

حرش / رطب

triste / contento

زعفان / فرحان

corto / largo

قصير / طويل

lento / rápido

بشوية / بلخف

mojado / seco

مشمخ / ناشف

caliente / frío

حامي / بارد

guerra / paz

القيرة / لامان

números

نيميرويات

0
cero
صفر

1
uno
واجد

2
dos
زوج

3
tres
تلاتة

4
cuatro
ربعة

5
cinco
خمسة

6
seis
ستة

7
siete
سبعة

8
ocho
ثمانية

9
nueve
تسعة

10
diez
عشرة

11
once
حداعش

12

doce

ثناعش

13

trece

تلطاعش

14

catorce

رباطاعش

15

quince

خمسطاعش

16

dieciséis

سطاعش

17

diecisiete

سبعطتعش

18

dieciocho

ثمنطاعش

19

diecinueve

تساعطاش

20

veinte

عشرون

100

cien

مية

1.000

mil

ألف

1.000.000

millón

مليون

idiomas

اللغات

inglés

انقلي

inglés americano

انغلي تاع مريكان

chino mandarín

لغة الشنوية

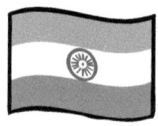

hindi

الهندية

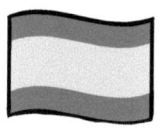

español

سبنيولية

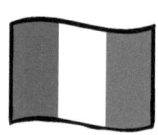

francés

الفرونسي

árabe

العربية

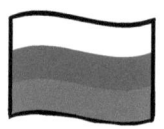

ruso

الروسية

portugués

البوتغالية

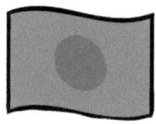

bengalí

البنغالية

alemán

لالمنية

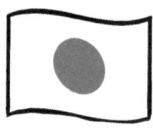

japonés

الجابونية

quién / qué / cómo

شكون / علاش / كيفاش

yo

انا

vos

نتا

él / ella

هو

nosotros

حنايا

ustedes

نتوما

ellos

هوما

¿quién?

شكون

¿qué?

واش

¿cómo?

كيفاش

¿dónde?

وين

¿cuándo?

وقتاش

nombre

الاسم

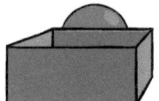

dónde

وين

detrás

مرول

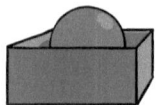

en

في

adelante de

قدام

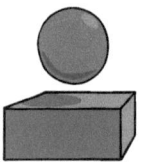

por encima de

فوق

sobre

على

debajo de

تحت

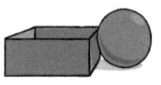

al lado de

حدا

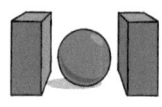

entre

بين

lugar

بلاصة